W0173208

Sonnen-konfitüren

Maurice Chaudière
Bernard Bertrand

Einkochen mit der Kraft der Sonne

Leopold Stocker Verlag

Graz – Stuttgart

Umschlaggestaltung:
DSR – Werbeagentur Rypka, 8143 Dobl/Graz, www.rypka.at
Titelbilder: StockFood (groß), Bernard Bertrand (klein)
Bildnachweis: Karin Haas, www.faszination-pferd.com: S. 43
oben, 47; Heide Hasskerl: S. 46 unten; Mona Lorenz: S. 82, 85;
Helmut Pirc: S. 42 unten, 50; Andrej Sheldunov: S. 41 oben;
Wolfgang Zemanek: S. 35 unten. Plan, S. 20: Louis Chaudière
Alle anderen Fotos wurden dem Verlag dankenswerterweise von
Bernard Bertrand zur Verfügung gestellt.

Aus dem Französischen übertragen von Christian Schweiger.

Der Inhalt dieses Buches wurde vom Autor und vom Verlag nach
bestem Gewissen geprüft, eine Garantie kann jedoch nicht über-
nommen werden. Die juristische Haftung ist ausgeschlossen.

Bibliographische Information der Deutschen Nationalbibliothek
Die Deutsche Nationalbibliothek verzeichnet diese Publikation
in der Deutschen Nationalbibliographie; detaillierte bibliographische Daten sind im Internet über http://dnb.d-nb.de abrufbar.

Wir haben uns bemüht, bei den hier verwendeten Bildern die
Rechteinhaber ausfindig zu machen. Falls es dessen ungeachtet
Bildrechte geben sollte, die wir nicht recherchieren konnten,
bitten wir um Nachricht an den Verlag.

Hinweis:
Dieses Buch wurde auf chlorfrei gebleichtem Papier gedruckt.
Die zum Schutz vor Verschmutzung verwendete Einschweißfolie
ist aus Polyethylen chlor- und schwefelfrei hergestellt.
Diese umweltfreundliche Folie verhält sich grundwasserneutral,
ist voll recyclingfähig und verbrennt in Müllverbrennungs-
anlagen völlig ungiftig.

Auf Wunsch senden wir Ihnen gerne kostenlos
unser Verlagsverzeichnis zu:
Leopold Stocker Verlag GmbH
Hofgasse 5 / Postfach 438
A-8011 Graz
Tel.: +43 (0)316/82 16 36
Fax: +43 (0)316/83 56 12
E-Mail: stocker-verlag@stocker-verlag.com
www.stocker-verlag.com

ISBN 978-3-7020-1362-2

Alle Rechte der Verbreitung, auch durch Film, Funk und
Fernsehen, fotomechanische Wiedergabe, Tonträger jeder Art,
auszugsweisen Nachdruck oder Einspeicherung und Rückgewin-
nung in Datenverarbeitungsanlagen aller Art, sind vorbehalten.

© Copyright by Leopold Stocker Verlag, Graz 2012

Layout und Repro:
DSR – Werbeagentur Rypka, 8143 Dobl/Graz, www.rypka.at
Druck und Bindung:
Druckerei Theiss GmbH, 9431 St. Stefan im Lavanttal, www.theiss.at
Printed in Austria

Inhalt

Erster Teil
Sonnenkonfitüre als Herausforderung

Von Maurice Chaudière

Vorspeise …

Honig aus Obst

Einen Vorrat aus dem Überschuss des Sommers herzustellen, und das mit kostenlosen Sonnenstrahlen? Eine solche Herausforderung und Einladung zu Inspiration und leidenschaftlicher Autonomie überliefert uns Maurice Chaudière in diesem Buch.

Seine Erfahrung als Töpfer, seine Intuition als Bildhauer und die Bruderschaft, die er mit der Welt der Bienen pflegt, haben seine Forschungen beflügelt.

Hier bietet er uns einen eleganten Ansatz zur Nutzung der Naturschätze, der zugleich das Verhältnis unserer modernen Welt zur Natur in Frage stellt.

Alain Chartin
Vorsitzender des Atelier Maladroit

*Die Hände formen den
rohen Lehm zum Schälchen.
Einfache Muscheln
haben den Autor zur Form
seiner einzigartigen
Sonnenöfen inspiriert.*

Sonnenkonfitüre
als Herausforderung

Die Bienen stellen schon seit jeher Honig aus der Fülle der Säfte her, die ihnen Mutter Natur zur Verfügung stellt. Doch wacht die Sonne nicht nur über Blüte und Reife des Obstes, sondern lässt den Bienen als große Zeremonienmeisterin noch weitere Privilegien zuteil werden. Sie sind ja durch Ihre Bestäubungsarbeit auch die eifrigsten Partner der Pflanzenliebe.

Warum sollten also nicht auch wir uns dem Weg der Biene zur Blüte und von der Blüte zur Frucht anschließen, indem wir die Herausforderung einer Sonnenkonfitüre annehmen?

Hier soll aufgezeigt werden, wie wir mit Hilfe von Sonne und Obst eine Art von Fruchthonig herstellen können. Denn in diesem Buch geht es um nichts anderes, als die Energie der Sonne im selben Kelch mit dem Geschmack der Früchte zu vereinen. Dazu habe ich mich ganz unverschämt der Kunst der Bienen bedient!

Es muss kurz nach Kriegsende 1946 gewesen sein, als ich einen ersten Sonnenofen herstellte, da ich von meiner Tätigkeit als Imker leben wollte. Es ging eigentlich darum, Bienenwachs aus den Kästen zu schmelzen. Und tatsächlich war schon der erste Versuch in einem noch sehr einfachen Gerät von Erfolg gekrönt. Das Wachs floss nach kürzester Zeit, auch wenn es bei den älteren und durch die von den Bienenlarven abgesonderten Eiweißsubstanzen verhärteten Waben

etwas länger dauerte. Als der in den Waben verbliebene Resthonig karamellisierte, kristallisierte sich auch in mir der Gedanke heraus, dass dieses Gerät durchaus auch zum Kochen von Speisen dienen könnte.

Ich begann damit, püriertes Obst zu erhitzen, und stellte schon bald fest, dass es an Geschmack gewann und meinem Honig immer ähnlicher wurde.

Besonders erstaunlich war jedoch der Umstand, dass die so hergestellten Marmeladen länger hielten als die herkömmlich auf dem Herd gekochten. Also nahm ich die Herausforderung des Sonnenofens an. Ich begann vorsichtig mit Früchten, die gewöhnlich zu Dörrobst verarbeitet werden: Weintrauben, Pflaumen, Aprikosen und Feigen …

Bei Obst mit niedrigerem Gehalt an Zucker fügte ich etwas davon hinzu. Als auch dies gelang, wagte ich mich an andere Versuche. Dabei stellte ich fest, dass dunkleres Obst und Gemüse schneller kochte als helles. Für Milchkonfitüre (Dulce de leche) bedurfte es etwas größerer Geduld.

In jedem Fall stand das Ergebnis jedoch in direktem Zusammenhang mit der beschienenen Oberfläche.

Herstellung einer Tomatenkonfitüre im Sonnenofen, siehe S. 63

Säure – Zucker – Wasser …
Auf der Suche nach dem perfekten Gleichgewicht

Eine massive Frucht, wie z. B. eine Wassermelone, würde bei dieser Kochtechnik lediglich außen abgebrüht werden. Wird hingegen das Fruchtmus, vermischt mit etwas Zitronensaft, in einem flachen Gefäß mit möglichst großer Oberfläche in die Sonne gestellt, so wird das Endprodukt mit etwas Geduld eine Delikatesse. Auch die Haltbarkeit des Honigs, die ich nachzuahmen suchte, basiert letztendlich auf einem ausgewogenen Verhältnis von Säure, Zucker und Wasser.

Die Wassermelone ist zwar süß und voller Wasser, hat aber einen sehr niedrigen Säuregehalt.

Dabei ist es selbstredend, dass ich die Haltbarkeit meiner Marmeladen auf natürlichem Wege ohne jegliche Zusatzmittel gewährleisten wollte.

Doch wie konnte der Verlust der durch den Treibhauseffekt geschaffenen Wärme verhindert werden? Ich brauchte also Dämmmaterial und musste zugleich einen reflektierenden Film zwischen Innen- und Außengehäuse schaffen, die die gefangene Wärme wieder nach innen zurückstrahlte. Es genügt also zu wissen, dass Wärmeeinheiten immer vom Heißen zum Kalten wandern und sich wie Licht in Wellen ausbreiten. Der Spiegelfilm schickt sie wieder zurück zur Quelle, d. h. zur Kochfläche.

13

Werden diese Grundvoraussetzungen berücksichtigt, können Tausende Sonnenöfen aus verschiedenstem Material gebaut werden. Bei der Wahl des Baustoffes sollte lediglich beachtet werden, dass bei Erhitzung keine giftigen Gase frei werden.

Da es vor allem um eine optimale Nutzung von Kalorien geht, muss mit allen Mitteln verhindert werden, dass die gewonnene Wärme entweichen kann. Auch der Neigungswinkel der Glasscheibe ist von großer Bedeutung. In unseren Breitengraden beträgt der ideale Winkel etwa 45 Grad, um zur Mittagszeit das meiste Sonnenlicht einzufangen.

Zuerst wird ein Behältnis in Form einer Muschel oder eines Dachziegels aus Töpferlehm geformt und gebrannt. Der zweite Schritt besteht darin, diese trockene und harte Form innen dick mit feuchtem und weichem Lehm auszuschmieren. Schon bald wird die trockene Tonform die Feuchtigkeit der Innenform aufgesaugt haben, wodurch jene sich zusammenzieht

und von der Urform ablöst. Beim Brennen dieser zweiten Form wird diese abermals schrumpfen. So haben wir schließlich zwei Kopien unterschiedlicher Größe hergestellt, was uns ermöglicht, den Zwischenraum mit Dämmmaterial anzufüllen und Wärme reflektierendes Alupapier an der Innenschale zu befestigen. Ja, mehr noch: Da auch der obere Rand nun niedriger ist als der der Außenform, eignet er sich ideal zur Auflage einer Glasscheibe, die von der äußeren Schalung gerahmt wird. So kann ein Maximum an Sonnenenergie eingefangen und konserviert werden.

Oben: Einfacher Sonnenofen aus Ton. Unten: Ein Fischfilet gart hier in wenigen Minuten.

Nun liegt es an Ihnen, sich das geeignete Beiwerk für den perfekten Betrieb zu besorgen, damit der Sonnenofen möglichst lange möglichst rechtwinkelig zur Sonneneinstrahlung platziert werden kann. Ideal ist hier ein leicht drehbarer Untersatz. Wird der Sonnenofen nicht verwendet, so sollte er gegen Regen geschützt werden, damit sich kein Wasser in der Dämmschicht zwischen den beiden Schalen ansammeln kann, welches ihre Wirkung zunichte machen würde. Ist der Ofen so schwer, dass er nicht leicht bewegt werden kann, so kann er auch in einem nach Süden geöffneten Unterstand aufgestellt werden.

Dieser Sonnenofen ist einer natürlichen Muschel nachempfunden.

Zwischen den beiden Schalen spiegelt das Dämmmaterial die Wärme zurück ins Innere. Dieser Sonnenofen verfügt außerdem über eine weitere Öffnung, die ebenso hermetisch verschlossen werden muss (Bild 2).

Bild 1: Innenschale
Bild 2: Türe
Bild 3: Einsetzen der Innenschale
Bild 4: Nach Einfüllen des Dämmmaterials und der Glasscheibe ist der Sonnenofen betriebsbereit.

Ein Stück Fisch ist in diesem Sonnenofen in wenigen Minuten gegart. Die Kochzeit hängt jedoch von der Art, der Dicke, der Farbe sowie dem Glanz der Speisen ab. Hiermit ist also der Beweis geliefert, dass man durchaus mit Lehm, Wasser, Sonne und einer Scheibe kochen kann, auch wenn dies natürlich auch von Wetter und Jahreszeit abhängt. Sonnenöfen aus Holz sind z. B. leichter zu transportieren und können bei Gewitter rasch in Sicherheit gebracht werden. Sollten Sie über keinen Garten verfügen, um Ihre Freunde gesellig um ihre „Sonnenmuschel" aus Ton zu scharen, so genügt oft ein nach Süden ausgerichtetes Fensterbrett, um sich beim Kochen in Ferienstimmung zu bringen!

Zweiter Teil
Herstellung eines Sonnenofens

Von Bernard Bertrand
Pläne von Louis Chaudière

Die schönen Sonnenöfen aus Ton, wie Maurice
Chaudière sie auf den ersten Seiten dieses Buches
vorstellt, sind vielleicht nicht Jedermanns Sache.
Deshalb wollen wir hier auch die Herstellung eines
klassischen Sonnenofens aufzeigen.

Pläne eines
tragbaren Sonnenofens

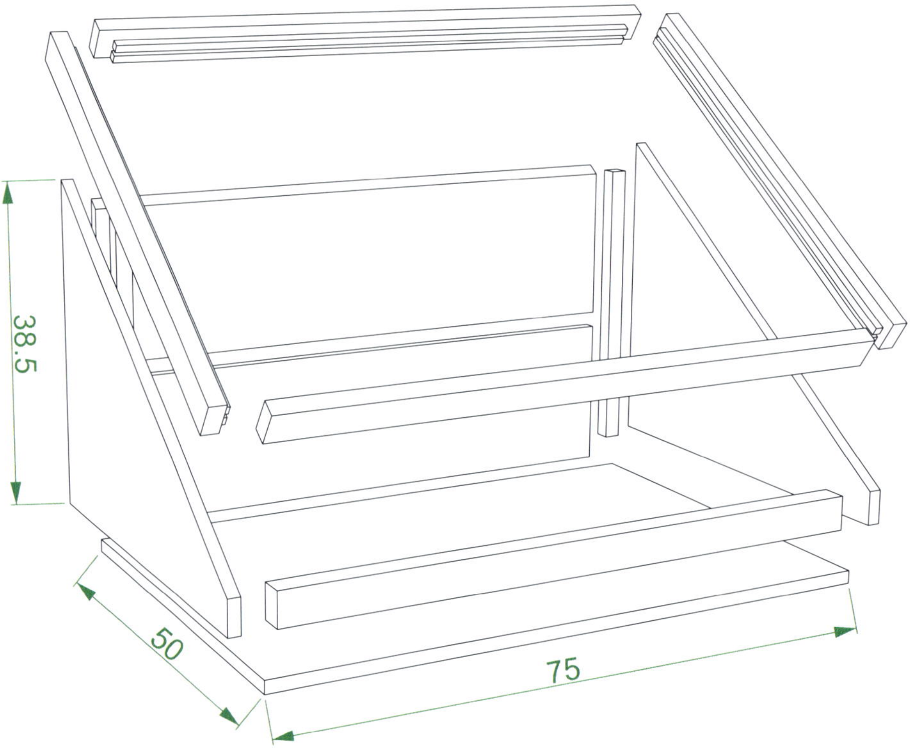

38.5

50

75

Generelle Ratschläge

Auf dem Bild rechts unten sind die Werkzeuge zu sehen, die zur Herstellung eines Sonnenofens benötigt werden: Hammer, Bleistift, Schrauben und kleine Nägel, Schraubenzieher, Maßband oder Lineal und vor allem eine gute und feine Handsäge (siehe Bild Mitte). Eine Werkbank oder auch nur ein Brett auf zwei Böcken ist zwar nicht unerlässlich, aber erleichtert die Arbeit. Auch die vier Räder, die in der Materialliste zu finden sind, sind nicht unbedingt erforderlich, doch erleichtern sie den Transport und das Drehen des Sonnenofens in Sonnenrichtung.

Der große Unterschied unseres Plans zu einem klassischen Sonnenofen besteht darin, dass wir eine Öffnung für den Ablauf der Kondensflüssigkeit vorhergesehen haben, ohne den die Fruchtmasse zwar kochen, aber nie dick werden würde.

Um andere Lebensmittel in einem solchen Ofen zu kochen, genügt es, diese Öffnung mit einem Holzdübel zu verschließen.

Kosten
1,04 m² Spanholzplatte, 16 mm, und
1 m² Spanholzplatte, 8 mm (beide ca. 5 €),
Dämmmaterial (ca. 8 €), Glasscheibe und Kitt
(ca. 17 €), Nägel und Schrauben (ca. 3 €),
schwarze Seidenmatt-Farbe auf Wasserbasis
und ohne giftige Lösungsmittel und 4 Räder
(ca. 32 €), also **gesamt nur ca. 65 €.**

Dimensionen des Ofens

Die Dimensionen der Grundplatte (50 cm x 75 cm), die Höhe der Hinterwand (44 cm) und der Vorderwand (8 cm) bestimmen die Größe des Ofens. Abgesehen von ein paar Angaben im Text benötigen Sie keine anderen Maße, da alle Bestandteile sich aus diesen Grundmaßen ergeben.

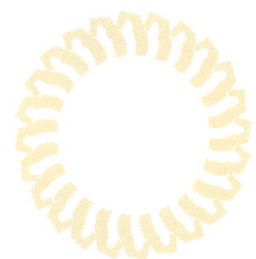

Schritt für Schritt ...

Der Boden

50 cm x 75 cm Sperrholzplatte von etwa 16 mm Stärke zuschneiden (Achtung, je dicker das Holz, desto schwerer ist der Sonnenofen zu transportieren!).

Auf den Rand werden vier 16 mm breite und 7 mm hohe Leisten genagelt. Der dadurch erzeugte Zwischenraum wird mit Aluminium überzogenem Dämmmaterial (aus dem Baumarkt) gefüllt und schließlich durch eine feine Sperrholzplatte abgeschlossen.

Seitenwände

Eine Sperrholzplatte von 52 cm x 50 cm wird schräg zersägt, um die beiden Seitenwände (44 cm x 50 cm x 8 cm) herzustellen. Diese werden auf die Bodenplatte genagelt. Da die Hinter- und Vorderwand auf Grundplatte und Seitenwände genagelt werden, sind sie in unserem Fall 78,2 cm (75 + 1,6 + 1,6) breit.

Die vordere hat eine Höhe von 8 cm, die hintere von zweimal 22 cm, wovon nur der obere Teil befestigt und der untere vorerst für die Tür frei gelassen wird. Wie bereits bei der Bodenplatte werden auch auf die Seitenwände 7 x 16 mm große Leisten für die Befestigung des Dämmmaterials genagelt.

Die oberen Leisten werden etwa 8 mm unter der Oberkante befestigt, um später der Glasscheibe als Auflage zu dienen. Nichts ist einfacher als das!

Das Einklemmen der Leisten mit Zwingen gewährt Präzision beim Nageln.

Vorderseite

Die vordere Wand hat eine Besonderheit: Hier befindet sich der Ablauf für die Kondensationsflüssigkeit.

Die Ablaufschiene wird also ebenso 8 mm unter der Vorderkante, auf derselben Höhe wie die Leisten der Seitenwände montiert, so dass die Scheibe auch vorne aufliegen kann. Damit das Kondenswasser entlang der Schiene ablaufen kann, wird sie wie ein flaches V zugeschnitten (siehe Bild oben).

An der Spitze des Vs (vorne in der Mitte) wird ein 7 mm großes Loch gebohrt, wo eine Ablaufrinne eingesetzt wird (Bild unten).

Dämmung

Wenn alle Leisten befestigt sind, wird das Dämmmaterial zugeschnitten und eingefügt (siehe Bild oben).

Dann wird es innen mit feinen Sperrholzplatten abgedeckt, die mit den Außenwänden und Leisten vernagelt oder verschraubt werden können (zweites Bild von oben).

Hintertür

Aus offensichtlichen Gründen ist es am praktischsten, die Tür in die Hinterwand des Sonnenofens zu integrieren (siehe nebenstehende Skizze). Eine solche Türe kann mit Scharnieren befestigt oder aber lediglich eingefügt und mit Klötzen verriegelt werden (Bilder auf der nächsten Seite).

Nach den Maßen der Aussparung in der Rückwand wird ein Brett ausgesägt und ebenso gedämmt wie die anderen Wände (jetzt wissen Sie ja, wie die Doppelwände mit Leisten und Dämmstoff hergestellt werden).

Bild unten: Versäumen Sie nicht, ein zweites abhebbares Kochniveau zu schaffen, indem Sie einfach auf den Seitenwänden zwei waagerechte Leisten in 7 bis 8 cm Höhe befestigen. Die flachen Kochbehälter sollten darunter, aber auch darauf Platz haben.

Haben Sie bereits ein paar Teller bereit, so probieren Sie es doch am besten einfach aus.

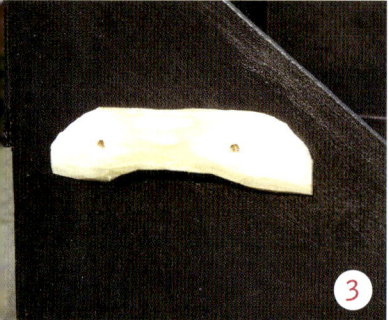

Fertigstellung

Der Sonnenofen wird innen und außen schwarz gestrichen (Bilder 1 und 2). Außen an den Seitenwänden (Bild 3) und an der Hintertür (Bild 4) werden Griffe befestigt (hier aus Holunderholz).

Natürlich können sowohl die Griffe als auch die Riegel der Tür fertig gekauft werden, doch verliert der Ofen dadurch auch etwas von seinem selbst gemachten Charme.

Fixierung der Scheibe

Wenn Sie eine Scheibe nach Maß kaufen, dann sollte sie aus relativ dickem Glas (hier 6 mm) sein.

Auf den Tragleisten wird möglichst gleichmäßig Fensterkitt verstrichen und mit einer Glaserspachtel oder einer kleinen Kelle verteilt.

Nun wird die Scheibe sorgfältig aufgelegt und besonders am Oberrand des Kondenskollektors gut abgedichtet, so dass das Wasser direkt zum Ablaufrohr fließen kann.

Schließlich werden drei Leisten so befestigt, dass sie die Fugen der Scheibe abdecken und den Sonnenofen perfekt abdichten. So ist er nicht gleich voller Wasser, wenn er einmal im Regen vergessen wird.

Nun ist der Ofen fertig. Im Idealfall wird er ein paar Tage trocknen gelassen (Farbe und Kitt), doch kann er auch schon früher benützt werden.

Dritter Teil
Kochen heißt
nicht trocknen!

von Maurice Chaudière

Kochen heißt nicht trocknen!

Doch ich wollte Ihnen von Sonnenkonfitüren erzählen! Nichts ist leichter, als Fruchtzucker zu konzentrieren, ohne die Fruchtmasse dabei zu trocknen. Es genügt, die richtige Menge Feuchtigkeit zu eliminieren.

Dazu muss vor allem die Kondensation an der Scheibe gut abfließen können. Dafür wird ein Loch an der tiefsten Stelle des Ofens gelassen. Die Neigung der Scheibe erledigt den Rest. Die Marmelade „reift" durch diese Kondensation, die durch den Temperaturunterschied zwischen dem Innenraum und dem Umfeld des Sonnenofens entsteht. Auch hier halte ich mich an die Bienen, die ebenfalls – wenn auch ohne Kochen – eine Art Fruchthonig herstellen, der unseren Konfitüren gar nicht so unähnlich ist. Wir können das fast ebenso gut. Ich sage „fast", weil Bienen die Substanzen, die sie von Blüten, Obst oder anderen Insekten sammeln, außerdem in Ihrem Kropf mit Säure versetzen.

Um Marmeladen also ohne Zucker einzukochen, muss die Fruchtmasse lediglich gut und relativ dünn verteilt werden. Das ist ebenso schnell wie einfach. Dennoch muss die Konsistenz regelmäßig überprüft werden, da wir sonst Fruchtkaramell erzeugen. So können auch wir wie Bienen Konfitüren ohne jeglichen Zuckerzusatz und ohne Herdfeuer erzeugen.

Trotzdem ist ein Sonnenofen kein Sonnentrockner. In solchen Dörrgeräten wird in Scheiben geschnittenes Obst oder Gemüse weniger durch die Sonneneinstrahlung als durch ein ausgeklügeltes Lüftungssystem getrocknet, welches warme Luft durch die Anlage bläst, sobald die Sonne scheint.

Die Obststücke werden auf oft mehreren übereinandergelagerten Rosten in einem geschlossenen Kasten meist im Schatten getrocknet. Je wärmer und intensiver die Belüftung, desto schneller trocknen sie.

Die Bauanleitung zu einem ähnlichen Sonnenofen aus Holz befindet sich auf den Seiten 20–27 dieses Buches.

Im Sonnenofen hingegen wird das Obst püriert und möglichst flach ausgebreitet, um es so zu kochen. Somit ist ein Pürierstab oder Mixer ein weiteres unabdingliches Gerät.

Bei weichem Obst, wie bei reifen Beeren, genügt schon eine Gabel. Es liegt auf der Hand, dass der Reifegrad einer Frucht nicht nur deren Konsistenz, sondern auch ihren Zuckergehalt bestimmt. Reifes Fruchtmark ist konzentrierter und kocht demnach auch schneller.

Nichts ist einfacher als Erdbeermarmelade: Hier sind weder Schale noch Kerne zu entfernen und die zarten Samen sind ein sinnliches Vergnügen. Wer dennoch lieber auf sie verzichtet, kann das Fruchtmark vor dem Kochen noch durch ein feines Sieb pressen. Erdbeeren haben ein ausgezeichnetes Säuregleichgewicht. Wir fügen 100 g Zucker pro Kilo Erdbeeren und einige Blätter Rosengeranien hinzu.

Aber nur die der Sonneneinstrahlung ausgesetzte Fruchtmasse kocht und verändert ihre Konsistenz. Eine dünne Schicht kocht in wenigen Stunden. Ist sie etwa 5 Zentimeter dick, so muss die Haut der oberen Schicht am Abend mit dem darunterliegenden, ungekochten Fruchtmark vermischt werden. Nach öfterem Mischen und einer mehrmaligen „Sonnenkur" ist die Marmelade fertig. Eine Kostprobe genügt, um sich zu versichern, dass sich nicht nur ihre Konsistenz und Farbe, sondern auch ihr Geschmack verändert haben. Der Vorgang kann demnach je nach Sonnenintensität, Farbe, Dicke und Oberfläche einige Stunden oder Tage dauern.

Obst und Gemüse mit schwer verdaulicher Schale sollte geschält werden. Tomaten werden z. B. püriert und gesiebt. So werden nur Kerne und Haut entfernt. Das säuerliche und schmackhafte Gallert um die Samen, welches manche Köche zu unrecht meiden, ist dadurch Bestandteil der Fruchtmasse.

Wird das Tomatenmark fein verteilt, genügt ein wenig Zucker, um es zu stabilisieren. Später kann das Mark gesalzen und gewürzt werden. Dazu eignen sich Ingwerpulver, Kurkuma oder Paprika. Für einen süd-

Von oben nach unten:
Johannisbeermarmelade
Dörrpflaumen
Pfirsichpasta

licheren Touch verwenden wir getrockneten Thymian, Bohnenkraut oder Estragon. Das Ganze wird mit etwas Olivenöl abgemischt und in Gläser gefüllt. Gegen diese Mischung hat kein industrielles Ketchup eine Chance!

Bei Obst, dessen Schale verwertet wird, können die ausgesiebten Rückstände eigens für Teemischungen getrocknet werden. Hierfür eignen sich unter anderem Hagebutten und Blaubeeren. Bei der Verwertung der Schale sollte natürlich darauf geachtet werden, dass Obst und Gemüse unbehandelt sind.

Einige Anwendungen

Ich will hier keine Abhandlung von Rezepten schreiben. Nicht dass ich sie für mich behalten möchte, doch sollen Ihrer Fantasie, die meiner sicherlich um nichts nachsteht, keine Grenzen gesetzt sein. Außerdem muss ich zugeben, dass ich „frei nach Schnauze" koche und kaum in der Lage wäre, genaue Mengenangaben anzuführen, um diese oder jene Konsistenz oder ein bestimmtes Aroma zu sichern.

Eines will ich jedoch gleich vorab verraten. Ich bin kein Freund von Zucker, den ich deshalb so wenig wie möglich verwende oder, wenn möglich, ganz vermeide. Dabei sollte man wissen, dass der Kochvorgang dadurch länger dauert und das Ergebnis auch dicker als gewöhnliche Marmelade werden kann – bis hin zu kompakten Fruchtschnitten oder gar Obstkaramel.

Weiters ist auch zu berücksichtigen, dass bestimmte Obstsorten mehr Pektin als andere enthalten und dadurch leichter gelieren. Die härtesten können ruhig zuvor etwas aufgekocht werden. Äpfel werden mit oder ohne Schale ein paar Minuten zum Kochen gebracht, mit dem Kochwasser püriert und dann gesiebt. Das Mus kann etwas gezuckert werden, aber es sollten nicht mehr als 200 Gramm auf einen Kilo Äpfel kommen. Dann wird das Mus in einem großen, flachen Gefäß in den Sonnenofen gestellt. Je größer die Platte, desto dünner ist die Schicht und desto schneller kann sie erhitzt werden. Bei flüssigem Obstmus muss der Boden des Sonnenofens besonders eben sein. Ist er mattschwarz, so heizt er leichter. Auch hier muss öfter umgerührt werden, um eine gleichmäßige Konsistenz zu erhalten. Ein weiterer Punkt sollte nicht außer Acht gelassen werden: Ameisen. Sinkt die Temperatur im Ofen mit der sinkenden Sonne, so suchen sie den Fruchtzucker, wie sie dies auch auf einem Baum tun würden. Um „Ameisenmarmelade" zu vermeiden, sollte die Präparation aus dem Ofen genommen werden, bevor sie ganz abkühlt.

Tomatenkonfitüre

Feigenmarmelade

Die ganzen, frischen Feigen werden kurz mit kochendem Wasser überbrüht, um weicher zu werden. (Sind sie von Vögeln angepickt, so sollte zuvor darauf geachtet werden, dass sich keine Ameisen im Inneren verstecken.) Dann werden Sie mit etwas Kochwasser püriert. Längeres Pürieren zerstückelt auch die kleinen Kerne. Beim herkömmlichen Kochen von Marmelade trocknen die Kerne und werden spröde. Durch das intensive Mixen entfalten sie hingegen ihr ganzes Aroma. Schließlich wird das Feigenpüree durch ein feines Sieb gepresst.

Schwarze Feigen, die zwei Mal jährlich tragen, eignen sich ausgezeichnet. Sie werden vom feinen Geschmack dieser Marmelade überrascht sein, der nichts mit eingekochten Feigen oder anderen Marmeladen gemein hat. Bereitet man sie ganz ohne Zucker zu, wird sie etwas dicker. Sind die Feigen sehr reif, erübrigt sich das Abbrühen.

Kirsch- und Rosenmarmelade

Wenn die Kirschen reif sind, blühen auch gleichzeitig die Rosen. Wählen Sie besonders duftende Blüten. Der größte Arbeitsaufwand ist das Entkernen der Kirschen. Das Fleisch der Kirschen wird dann mit den Rosenblüten püriert. Je größer der Anteil an Blütenblättern, desto schmackhafter wird die Marmelade. Wir fügen etwa 200 Gramm Zucker pro Kilogramm Kirschen hinzu. Das Ergebnis ähnelt türkischem Lokum.

Löwenzahnmarmelade

Wenn Sie eine von vielen möglichen Blütenkonfitüren versuchen möchten, dann fangen Sie doch mit Löwenzahn an.

Dazu werden nur die Blütenblätter, nicht aber der Stängel und auch nicht der Blütenkelch verwendet, da beide etwas bitter sind. Die Blüten werden mit ein bisschen Wasser und Zitronensaft püriert und ein wenig gezuckert, bevor sie in den Sonnenofen kommen.

Dieses Rezept gelingt ebenso mit Blüten von Akazien bzw. Robinien (Achtung: Samen und Rinde sind giftig!). Auch hier sollte der Kelch allerdings abgetrennt werden.

Viele andere Blumen eignen sich ebenso zur Herstellung von Marmeladen. Sie haben meist den Vorteil, zur schönen Jahreszeit zu blühen, wenn das Sammeln der feinen Blüten manchmal auch etwas mühsam ist. In allen Fällen sollte die fehlende Säure durch etwas Zitronensaft kompensiert werden.

Aprikosenmarmelade

Aprikosen sollten möglichst reif sein und können durchaus auch als Fallobst verarbeitet werden. Sie lassen sich leicht entkernen und pürieren. Mit etwas Zucker versetzt, kochen sie sehr rasch zu einer blondgelben Marmelade. Ohne Zucker wird die Marmelade dunkler und kompakter.

Pfirsichmarmelade

Pfirsiche werden wie Aprikosen mit der Schale verarbeitet, wenn sie unbehandelt sind. Die Schale verleiht der Marmelade die ideale Cremigkeit.

Zwetschkenmarmelade

Nichts ist einfacher als Zwetschkenmarmelade. Renekloden z. B. können überhaupt ohne jeglichen Zuckerzusatz verarbeitet werden, da sie genügend Zucker und Säure enthalten. Saurere Arten können etwas gezuckert werden.

Quittenbrot

Die Quitten werden geschält, geviertelt, entkernt und dann kurz überbrüht. Kerne und Schale werden abgekocht. Dann wird das stark pektinhaltige Kochwasser mit den Fruchtstücken püriert. Die Masse wird im Sonnenofen rasch fest, ohne wie andere Marmeladen oder wie klassisches Quittengelee auf dem Herd umgerührt werden zu müssen. So vermeiden Sie außerdem die berüchtigten heißen Marmeladenspritzer. Dieser „Quittenspeck" oder „Quittenkäse" ist umso aromatischer, da die Kochtemperatur im Sonnenofen selten 80 °C übersteigt.

Birnenmarmelade

Nach derselben Methode können auch aus anderem Obst Marmeladen oder bei etwas längerer Kochzeit Fruchtschnitten hergestellt werden.

Kakimarmelade

Kakis oder Dattelpflaumen werden erst nach dem ersten Frost reif und verfaulen dann oft unter dem Baum. Daher werden die orangen Kakis schon gepflückt, wenn sie noch hart sind. Sie werden geschält wie Kartoffeln und in fingerdicke Scheiben geschnitten. Bei schönem Wetter können sie einfach getrocknet werden, wodurch sie ihren herben Geschmack verlieren. Sollte es in dieser Jahreszeit an Sonne mangeln, können sie auch im herkömmlichen Ofen getrocknet werden. Da sie aber auch auf dem Speiseplan von Lebensmittelmotten stehen, sollten sie in luftdicht verschlossenen Einmachgläsern aufbewahrt werden.

Hier ein kleiner Trick zur Erzeugung eines Vakuums: Dazu genügt es, etwas in Alkohol getränkte Watte in eine Nussschale oben ins Einmachglas zu legen und vor dem Verschließen anzuzünden. Die Kakischnitten werden ziemlich hart und sollten daher vor dem Verzehr über Nacht eingeweicht werden. Das Ergebnis ist ein originelles, nicht allzu süßes Dessert in einem köstlich leichten Sirup (siehe Foto S. 37).

In keiner anderen Zubereitungsart kann der herbe Kakigeschmack gemeistert werden. Die einzig andere Möglichkeit besteht darin, sie am Baum reifen und das pürierte Mus dann bei niedriger Temperatur trocknen zu lassen, ohne es zu kochen. Das fest gewordene Fruchtmark kann dann zu Kugeln gerollt und in Kakaopulver gewälzt werden.

Die im Handel erhältlichen Kakis sind meist japanische Fuyus, die im Rohzustand nicht so herb sind. Verarbeitet schmecken sie jedoch ziemlich fad.

Hagapfelkonfitüre

Die Früchte des Erdbeerbaums werden Hagäpfel oder Meerkirschen genannt und reifen wie Zitrusfrüchte im Herbst. In der Regel stellt man aus ihnen Gelee her. Ich püriere sie lieber im Ganzen und presse das Mus dann durch ein feines Sieb, um die Samen und holzigeren und herberen Teile zu entfernen. Die gesiebte Fruchtmasse wird anschließend gewogen und mit derselben Menge Honig vermischt. Das ist auch schon alles! Diese absolut rohe Konfitüre wird kühl in Einmachgläsern aufbewahrt und ist in den Wintermonaten ein wertvoller Vitaminspender. Am besten eignet sich hierzu flüssiger Honig, wie z. B. Akazienhonig. Sollte die Konfitüre im Frühling zu fermentieren beginnen, bildet sich an der Oberfläche eine Art Honigwein.

Hagebuttenkonfitüre

Nach demselben Prinzip lässt sich auch eine köstliche Hagebuttenmarmelade herstellen. Im Gegensatz zu den größeren und fleischigeren Zuchtarten, die schon im Spätsommer verarbeitet werden können, sammeln wir wilde Hagebutten erst nach dem ersten Frost, durch den sie weich werden. Sie werden mit etwas Wasser püriert und gesiebt, um die haarigen Samen und die an den Früchten verbliebenen Kelchblätter zu entfernen. Das so erhaltene Mus sollte etwas getrocknet werden, ohne es zu erhitzen. Dann wird es zu glei-

chen Teilen mit Honig vermischt und ergibt eingemachtes Vitamin C.

Die Reste im Sieb werden auf einem Geschirrtuch in der Sonne getrocknet und für Hagebuttentee aufbewahrt. So wird nicht nur alles verwendet, sondern wir haben auch die langwierige Arbeit vermieden, die sonst darin besteht, das wenige Fruchtfleisch von den Samen zu trennen. Ich konnte nicht umhin, diese beiden letzten Beispiele hier aufzunehmen, wenn es sich auch um keine Sonnenkonfitüren handelt.

Kastanienmus

Beschert Ihnen das Jahr einen längeren Altweibersommer, können sie mit Ihrem Sonnenofen ein köstliches Mus aus Edelkastanien herstellen. Dazu werden die Kastanien zuerst einige Minuten in Wasser abgebrüht und geschält. Dann werden die geschälten Kastanien in Wasser oder Milch mit Zucker und Vanille gekocht. Dann erst werden sie püriert. Das Püree wird flach ausgebreitet und im Sonnenofen weitergekocht, um ihm Feuchtigkeit zu entziehen und es langsam fester werden zu lassen. Diese feste Masse kann dann zu Kugeln verarbeitet werden, die zu Weihnachten den sonst mit Glukose kandierten Kastanien um nichts nachstehen.

Felsenbirnenmarmelade

Auf dem Korinthenbaum (Amelanchier) wachsen bis ins hohe Norddeutschland kleine, dunkelblaue Früchte, die zwar in einem regenreichen Frühling auch etwas fleischiger, aber kaum größer als Kaffeebohnen werden. Auch sie werden zunächst in etwas Wasser abgebrüht, um sie vor dem Kochen im Sonnenofen durch ein Sieb pressen und die Samen entfernen zu können. Das Ergebnis ist eine köstliche, dicke, fast schwarze Marmelade. Die kanadischen Felsenbirnen, die auch in Europa als Zierpflanzen gedeihen, haben wesentlich mehr Fruchtfleisch.

Im Spätsommer werden in unseren Breitengraden so viele Wildfrüchte und anderes Obst reif, dass die

Liste der möglichen Marmeladen unerschöpflich ist. Sie werden jedoch immer nach derselben Methode zubereitet.

Kornelkirschenmarmelade

Kornelkirschen soll man im fast überreifen Zustand, das heißt dunkelrot, ernten. Sie sind dann süßer, weicher und lassen sich besser pflücken. Nach einem kurzen Überbrühen genügt es, die Früchte zum Entkernen zwischen den Fingern zu zerdrücken. Werden vor dem Kochen im Sonnenofen 300 Gramm Zucker mit einem Kilogramm Fruchtfleisch vermischt, erhalten wir ein angenehm säuerliches Gelee.

Holundermarmelade

Holunder kann man im Sommer reichlich und leicht ernten. Er darf aber nicht mit dem Zwerg-Holunder, einer krautigen Pflanze ohne Holzanteil verwechselt werden, dessen ähnliche Beeren giftig sind.

Im Frühling können bereits Holunderblüten geerntet und getrocknet werden, um dann einige Monate später den Beeren bei der Herstellung der Marmelade hinzugefügt zu werden. Beides wird mit etwa 300 Gramm Zucker vermischt und gesiebt, bevor das Fruchtmark im Sonnenofen verdickt wird. Es ist so dunkel, dass es besonders schnell kocht.

Brombeermarmelade

In Brombeeren steckt alles, was für ein schmackhaftes, dickes Gelee nötig ist. Die Beeren werden ohne jeglichen Zusatz von Zucker püriert, gesiebt und im Sonnenofen konzentriert. In Einmachgläser einfüllen, fertig!

Bei Maulbeeren sollten 200 Gramm Zucker pro Kilogramm hinzugefügt werden.

Kürbismarmelade

Kürbisse gibt es in den verschiedensten Größen, Farben und Geschmacksrichtungen. Für Marmeladen sollten die süßesten Sorten gewählt werden. Die Kürbisse werden geschält, entkernt und in Stücke geschnitten. Sie können roh, gekocht oder gedampft püriert werden, was die Sache etwas erleichtert. Um die Marmelade haltbar zu machen, muss den Kürbissen Säure hinzugefügt werden, die ihnen fehlt. Dazu verwenden wir Zitronensaft, Pflaumen oder Äpfel, die zur selben Zeit reifen.
200 Gramm Zucker pro Kilogramm Obstmus sollten genügen. Bei einer ebenso reichlichen wie geschmacksneutralen Grundlage darf man nicht davor zurückschrecken, ein anderes Saisonobst oder Gewürze hinzuzufügen. Ingwer würzt solche Marmeladen recht angenehm.

Johannisbeer-Wassermelonenmarmelade

Die Wassermelonen werden in Scheiben geschnitten, geschält und entkernt. Die Schwarzen Johannisbeeren hingegen sind weniger süß, sondern vor allem sauer, geschmacksintensiv und enthalten relativ wenig Wasser. Kurz, die ideale Kombination für eine Sonnenkonfitüre. Beide Zutaten sind im Juni oder Juli reif, was die besten Wetterbedingungen für die Herstellung von Marmelade oder Fruchtschnitten im Sonnenofen gewährleisten sollte. Die dunkle Farbe der Johannisbeeren beschleunigt den Kochvorgang und lässt das Fruchtmus schnell dick werden. Die beiden so verschiedenen Obstsorten ergänzen sich ausgezeichnet. Die flüssige Wassermelone bringt Volumen, Cremigkeit und Frische ins intensive Aroma der Johannisbeeren.

Der einzige kleine Haken an der Sache ist, dass die beiden nicht unbedingt zur selben Zeit reifen. Man kann die Johannisbeeren entweder einfrieren oder aber die erste Marmelade beim Kochen der zweiten hinzufügen. Die Wassermelone benötigt in etwa 400 Gramm Zucker pro Kilogramm Fruchtfleisch. Da auch das sehr von der Sorte abhängt, ist auch hier die Kostprobe das beste Dosiermittel.

Exotische Konfitüren

Hier sollen wenige Beispiele die Vielfalt der Möglichkeiten aufzeigen. Die Kombination von Papayas und brasilianischen Guaven ist z. B. ein Traum!

Mein Lieblingsrezept sind Fruchtschnitten aus Tamarillos vom Tomatenbaum *Cyphomandra betacea*. Hat man ihre etwas bittere Schale entfernt, sind die rohen Tamarillos nicht besonders schmackhaft. Sie bekommen jedoch durch das Kochen (insbesondere im Sonnenofen) ein wunderbares Aroma.

Bananen sollten möglichst reif sein. Eine bereits schwarz gefleckte Schale stellt also keinesfalls ein Hindernis dar. Ich erinnere mich noch gut an eine Steige überreifer Bananen, die man mir auf dem Markt schenkte, weil sie unverkäuflich waren. „Genau, was ich brauche!", dachte ich mir, pürierte sie und gab sie alsbald in den Sonnenofen. Doch war der nächste Tag bedeckt. Wie groß war meine Überraschung, als ich nachsah und bemerkte, dass sich das Volumen der Bananen verdoppelt hatte. Ich stellte meinen Brei schnell in den Kühlschrank, um den Gärprozess zu unterbinden. Als die Sonne wieder schien, mischte ich alles noch einmal kräftig durch und stellte es abermals in den Ofen. Schließlich war diese Marmelade wesentlich schmackhafter als ein zweiter „planmäßiger" Versuch, der nicht diesen Hürdenlauf durchgemacht hatte. Die Gärung hatte meiner Konfitüre das „gewisse Etwas" verliehen!

Leider wird viel heimisches Obst erst reif, wenn sich die Sonne im Herbst schon wieder rarer macht. Da müssen wir etwas einfallsreich werden. Das gilt auch für Zitrusfrüchte. Ihre Schalen werden eigens abgekocht, damit sie weicher und milder werden. Sie können dann vor dem Kochen püriert zum Fruchtsaft hinzugefügt werden, der nach eigenem Gutdünken gezuckert wird. Scheint genug Sonne, so ist das Ergebnis ein leckeres Gelee.

Genau genommen kann man eigentlich aus praktisch allen Obstsorten Marmeladen im Sonnenofen herstellen.

Papaya

Papaukonfitüre

Bei uns ist die in Nordamerika gedeihende „Indianer-banane" *(Asimina)* noch ziemlich selten, wird jedoch mancherorts auch in Europa angebaut. Im Gegensatz zu anderen Pflanzen der Annonengewächse, wie Che-rimoyas *(Annona cherimola)* und Zimtäpfel *(Annona squamosa)*, gedeihen Papaus auch in kalten Klimazo-nen (es heißt bis zu −20 °C!).

Die dunklen, dreilappigen Blüten hängen im Früh-ling noch vor den ersten Blättern an den Ästen. Wenn sie sich öffnen, erkennt man zahlreiche Staubgefäße. Die Befruchtung ist recht unregelmäßig. Aus manchen Blüten entsteht nur eine Frucht, aus anderen gehen zwei oder drei, ja sogar bis zu sieben Früchte hervor. Das weiche, cremige und parfümierte Fruchtfleisch hat keine Fasern und man hat das Gefühl, in Butter zu beißen. Im Sommer braucht der Baum relativ viel Wasser.

Vor dem Pürieren werden die zahlreichen harten Kerne der Papaus entfernt. Das Fruchtfleisch lässt sich leicht zerdrücken und wird mit 200 Gramm Zu-cker pro Kilogramm vermischt. Da Papaus schon im Spätsommer reif werden, lassen sie sich ausgezeichnet im Sonnenofen zu Marmelade verarbeiten.

Jujubenkonfitüre

Jujuben oder Chinesische Datteln *(Ziziphus jujuba)* gedeihen im gesamten Mittelmeerraum und in Wein-gegenden. Die süß-säuerlichen Früchte sind reich an Pektin, enthalten relativ wenig Wasser, lassen sich gut lagern und auch gut zu Fruchtschnitten verarbei-ten. Vor dem Kochen werden sie entkernt und mit et-was Wasser püriert. Aber vor allem das Entkernen ist etwas kompliziert. Baumschulen verkaufen nun aber auch schon chinesische Sorten mit größeren Früchten, die Apfel- oder Birnen-Jujuben genannt werden. Leider haben auch Fruchtfliegen diese Obstsorte entdeckt, weshalb Jujuben oft wurmig sind.

Maracujakonfitüre

Meine spanischen Freunde aus Valencia haben ganze Lauben voll köstlicher Passionsfrüchte (Maracujas). Diese *passiflora edulis* kann auch auf die blaue Passionsblume *passiflora caerulea* gepfropft werden, die bei uns als Zimmerpflanze oder in Wintergärten gedeiht. So veredelte Pflanzen haben uns schon reichliche Ernten beschert. Das Fruchtfleisch wird im Sieb von den Kernen getrennt und etwas gezuckert, bevor es im Sonnenofen konzentriert wird. Diese feine Konfitüre ist eine Delikatesse zu Eiscreme oder Joghurt.

Aphroditenkonfitüre, Honig, Pollen, Bärenklau und Engelwurz

Die Erinnerungen stellen wohl die feinste aller Konfitüren aus der Vergangenheit her. Sie haben für mich Sonne und Meer, Farben und Geschmäcker ewig haltbar gemacht. Der beste Weg, die Freuden der Welt kennen zu lernen, ist immer noch, sie zu genießen. Und welche Freude ist es nicht, die eingemachten Erinnerungen unserer Wanderungen durch fremde Gefilde auf unseren Tellern zu verkosten!

Eine der einfachsten, lebendigsten und aphrodisischen Konfitüren ist sicherlich das simple Gemisch von frischem Frühlingshonig und -pollen, wenn Sie das Glück haben, nicht nur über Bienenstöcke, sondern auch über eine Pollenfalle zu verfügen. Beides wird sofort nach der Ernte zu einem homogenen Brei vermischt. Ich ging in meinen „Bioversuchen" sogar so weit, diese Bienenkonfitüre in ungebrannte in Bienenwachs getränkte Lehmtöpfe zu füllen.

Eines Tages hatte sich die Menge dann durch Gärung verdoppelt. Diese Metkonfitüre war wochenlang mein Hochgenuss. Ich war damals vielleicht zwanzig und zu allen Abenteuern bereit. Das muss noch vor meinem ersten Sonnenofen gewesen sein. Auch unsere Kinder mussten die verschiedensten Abenteuer über sich ergehen lassen, haben sich aber nie darüber beschwert. Ja, sie schraken nicht einmal vor Kaviar aus Ameisenlarven zurück!

Engelwurz

Bärenklauernte

Herakleum, der lateinische Name des Bärenklaus, geht auf Herakles zurück, dessen Leistungsfähigkeit in Sachen Liebe ja gut bekannt ist. Man sammelt die langen Stiele dieses Aphrodisiakums, wenn die Blätter noch weich und gefaltet sind. Zu dieser Jahreszeit sind sie noch nicht faserig und können leicht in Stücke geschnitten werden. Sie werden mit etwas Wasser und Zucker püriert und im Sonnenofen gekocht. Die Zuckermenge hängt prinzipiell immer von der in der Pflanze enthaltenen Menge an Fruchtzucker ab. Dieser Doldenblütler hat nur wenig Natursüße, weshalb nachgezuckert werden muss. Im Frühling können Sie so eine hellgrüne, angenehme und angeblich recht „aktive" Marmelade herstellen. Es werden nur die Stiele verwendet, deren Geschmack in diesem Stadium an Mandarinen erinnert, durch Kochen jedoch milder wird.

Die Engelwurzmarmelade wird zubereitet wie der Bärenklau. Auch hier werden die jungen, weichen Stiele verwendet. Allerdings wird das erste Kochwasser weggeschüttet, da es etwas bitter ist. Im Sonnenofen lassen sich hier sehr leckere Fruchtschnitten herstellen.

Auch bei Rhabarber werden bekanntlich nur die Stiele verwendet. Er lässt sich ausgezeichnet mit der Engelwurz mischen, wie ich in Quebec feststellen konnte, wo letztere sehr häufig vorkommt.

Gemüsekonfitüren

Zucchinikonfitüre

Zucchini werden mit der Schale in Scheiben geschnitten und dann mit etwas Zitronensaft, Ingwerpulver und 300 bis 500 Gramm Zucker pro Kilogramm fein püriert. Das Ergebnis ist eine gelbe bis hellgrüne recht feine Marmelade, die z. B. ausgezeichnet zu Milchreis passt.

Auberginen- und Paprikakonfitüre

Ich erinnerte mich daran, im Maghreb und in Israel eingemachte Auberginen (Melanzani, Foto S. 46) gegessen zu haben. Ich versuchte also, ungeschälte Auberginen im Dampf zu kochen. Dazu werden sie püriert, um die zahlreichen Kerne aussieben zu können. Diesem Brei wird im Sonnenofen etwas Flüssigkeit entzogen, bevor der Rest mit derselben Menge Honig vermischt wird. Das ist auch schon alles. Honig sollte nie gekocht werden!

Auch reife, rote Paprika können auf diese Weise zubereitet werden. Sie werden geschält, nachdem sie kurz auf dem Grill oder – besser noch – auf offener Glut angebraten wurden. Man entfernt die Kerne und püriert das nun weiche Fleisch. Nach einer kurzen Zeit im Sonnenofen wird das ganze mit Honig vermischt. Die Paprikafilets können nach dem Kochen natürlich auch gesalzen werden. Sie werden dann mit etwas Olivenöl, Knoblauch, Petersilie, schwarzen Oliven, harten Eiern und Sardellen serviert. Aber meine Erinnerungen nehmen Reißaus!

Freies Feld

Nun haben Sie freies Feld. Setzen Sie Ihrer Fantasie keine Grenzen, wenn Sie Karotten, Rote Beete, Pastinaken oder anderes Gemüse aus Ihrem Garten zu Marmelade verarbeiten möchten. Sie werden Tausende Kombinationen entdecken. Schon mein erster „exotischer" Versuch aus Tomaten, Zucchini, Zwetschken und Äpfeln war ein Überraschungserfolg.

Hierbei sollte lediglich berücksichtigt werden, dass härtere Gemüsesorten, wie z. B. Karotten, vor dem Pürieren in Wasser weich gekocht werden sollten. Fehlende Säure wird durch den Zusatz von Orangen-, Mandarinen- oder Zitronensaft ausgeglichen.

Versuchen Sie auch Topinambur, Knollen-Ziest oder Süßkartoffeln. Alle brauchen zusätzliche Säure, doch auch Karamellgeschmack steht ihnen gut.

Nächsten Sommer möchte ich aus reiner Abenteuerlust Konfitüre aus Portulak versuchen. Ich werde nur die jungen Blätter und Stängel verwenden. Ich spüre den köstlichen Geschmack und die sämige Säure dieses Tests schon auf der Zunge. Ich muss hinzufügen, dass ich ein großer Fan von Portulak in Salaten, Suppen, Couscous usw. bin. Aber ich höre auch schon die Stimmen: „Du spinnst doch: Marmelade aus Unkraut?"

Aber gerade solche etwas verrückten Versuche haben große Vorteile. Sie bringen uns auf Möglichkeiten, wo der Überfluss der Natur noch nicht in die geordneten Bahnen klassischer Kochkultur gebracht wurde. Und wird das Wildkraut zum Gemüse und auf einem Markt zum Verkauf angeboten, so verwelkt bald manches Sträußchen auf Markttischen, wo vielleicht nie sein Platz war. Natürlich ist auch hier nicht alles erlaubt und ebenso wenig unbedingt von Erfolg gekrönt! So hatte ich einmal eine Honigmelonenmarmelade versucht. Das Ergebnis war ein gummiartiges und langweiliges Gemisch, welches nicht einmal in Gläser abgefüllt werden konnte.

Auberginen

Schwarzwurzeln,
Pastinaken und Möhren

Ein kleiner Spaß: Kichererbsenmarmelade

Kichererbsen werden eine Nacht in Wasser gelegt, abgetropft und in einem Gefäß verschlossen. Sind sie von guter Qualität, werden sie schon bald aufquellen. Man spült sie täglich und lässt sie so zwei oder drei Tage keimen. Dann fällt die schwer verdauliche Haut praktisch von alleine ab. Die nun weichen Kichererbsen werden mit etwas frischem Wasser püriert, mit Salz und Kümmel vermischt und in den Sonnenofen gestellt. Eigentlich muss der Brei gar nicht mehr gekocht werden, da der Keimprozess die Erbsen schon genießbar gemacht, ihren Geschmack verändert und die Vitamine freigesetzt hat. Mit etwas Olivenöl vermischt, haben wir im Nu ein köstliches Kirchererbsenpüree geschaffen, das einem orientalischen Hummus um nichts nachsteht.

Mit Bockshornklee, Saubohnen, Erbsen und anderen Hülsenfrüchten verfahren wir ebenso. Das Aufkeimen macht sie weicher und milder im Geschmack und beseitigt oft auch die etwas harte Schale. Sie müssen dann kaum noch gekocht werden und passen ausgezeichnet zu Täubchen, die besonders gierig nach eben dieser Saat im Garten sind.

Auch Weizen kann anders als nur in Form von Mehl verzehrt werden. Der Keimprozess verwandelt Stärke in Zucker. Das gekeimte Getreide wird mit etwas Wasser püriert, welches im Sonnenofen wieder verdunstet. Der getrocknete Brei wird mit dem Mörser zerstampft und trocken aufbewahrt. Wenn Sie Lust auf eine leichte Suppe haben, können Sie das Pulver in etwas Gemüse- oder Fleischbrühe verdünnen.

Kichererbsen

Gelee aus Pilzen

Manche Sommergewitter lassen schon zu einer Zeit mit guter Sonneneinstrahlung die ersten Pilze sprießen. So kann man Steinpilze oder Pfifferlinge im Sonnenofen trocknen und ebenso zu Puder zerstoßen. Bevor sie dann in einem Omelett zum Einsatz kommen, wird das Pulver mit Wasser vermischt. Orangerote Becherlinge können auch mit etwas Orangensaft zu Gelees verarbeitet werden.

Dulce de Leche

Milch wird entrahmt, gezuckert (500 Gramm Zucker pro Liter) und bei schönem Wetter im Sommer mit Vanille im Sonnenofen konzentriert. Einmal überließ ich diese Honigmilchkonfitüre der Fürsorge meiner Bienen. Das Ergebnis schmeckte dem naschhaftesten meiner Schüler, der nicht nur Bienen, sondern auch Ziegen züchtete, so gut, dass er sich alsbald anschickte, mein Experiment mit seinen Produkten nachzuahmen. Eines Tages kam er mit skeptischer Miene und seiner ganzen Ernte zu mir: „Für Dich!" Mit Ziegenmilch war die Sache ungenießbar geworden.

Obwohl ich gerne Ziegenkäse esse, schmeckte sein Dulce de Leche eher nach brunftigem Ziegenbock.

Ich will also durchaus eingestehen, dass ich hier eine Zusammenfassung meiner Erfolge liefere und viele Fehlschläge ignoriere, die unsere Erinnerung oft unter den Teppich zu kehren beliebt. Es liegt also an Ihnen, die Eindrücke dieser Lektüre zu konzentrieren wie Marmelade im Sonnenofen.

Brombeermarmelade

Statt einer Schlussbemerkung

Mit Vogelbeeren, Kornelkirschen, Bärentrauben, Mispeln, Brombeeren, Felsenbirnen und anderem Wildobst fühlen wir uns wieder ins Zeitalter der Sammler zurückversetzt. Ich mag die Vorstellung, dass wir noch heute den Geschmack unserer steinzeitlichen Vorfahren teilen können und es solche Gaumenfreuden schon seit Tausenden von Jahren gibt. Ob wir ohne diese Antriebskraft überhaupt noch hier wären? Daher halte ich auch die Bäume, insbesondere die, die uns ernähren, in hohen Ehren. Es muss also noch ein Quäntchen Affe in mir stecken und mich auf die Suche nach essbaren Wildpflanzen treiben. Ich freue mich enorm über alle Gleichgesinnten, die diese prekäre Freude am Leben mit mir teilen!

Ich weiß nicht recht warum, aber besonders die Vogelbeeren bescheren mir nicht nur Sammlerglück, sondern auch Achtung vor Ihrem natürlichen Umfeld. Ich würde sicher nicht dasselbe Vergnügen empfinden, sie ohne diesen Zusammenhang zu genießen. Wenn ich sie an ihrem Lieblingsort, dem Heideland weitab der Obstplantagen des Rhônetals, pflücke, versetze ich mich tatsächlich in die Haut eines Ursammlers zurück, der da zwischen Thymian und Rosmarin herumschnüffelt.

Wenn sie reif sind, fallen sie zu Boden und sind schon fast Marmelade. Es genügt, sie zu pürieren, die Kerne auszusieben und sie mit etwas Zucker (100 Gramm pro Kilogramm) im Sonnenofen zu kon-

Felsenbirnen

zentrieren, um absolut köstliche Fruchtschnitten herzustellen, die auf der Zunge zergehen.

Um den Mangel detaillierter Rezepte zu entschul-
digen, möchte ich zu meiner Ehrenrettung einwenden,
dass es schwer ist, feste Regeln für diesen wilden Be-
reich zu erstellen. Die besten Konfitüren kommen ohne
Zucker aus. Alle anderen Zutaten hängen vom Reifegrad und dem Zuckergehalt, von Säure, Pektin, Haut
und Geschmack der Samen ab. Ich erwähnte bereits,
dass es mir fast anmaßend erscheint, all diese Varia-
blen in starre Rezepte pferchen zu wollen.

Vorstellungskraft, Eingebung und Wissbegier sind
hier ebenso sichere, wenn auch zufällige Werte, zumin-
dest ebenso zufällig wie meine tönernen Sonnenöfen.
Vielleicht habe ich bei meinen Sonnenkonfitüren ja
nichts anderes getan, als mit den Elementen zu spie-
len. Die Biene macht dies ohne jegliche kulturelle Er-
ziehung auch nicht anders. Bei der Arbeit genoss ich
vor allem den Umgang mit einer Natur, die fortbesteht,
weil kein Reich von den anderen getrennt ist.

Dennoch muss sich jede Art zunächst selbst entfalten und dazu den verschiedensten Geschmäckern ge-
recht werden. Mit ihrem Blütenprogramm waren mir
die Bienen hier die besten Lehrmeister. So bin ich am
Ende meiner Laufbahn angelangt und bereiter denn
je, der Natur für all den Nektar zu danken, den ich auf
meine Art in diesem Leben sammeln durfte.

Wenn Honig und Sonne verschwimmen*, dann geht
auch dieser geheimnisvolle und zufällige Flug ohne
Rückkehr zu Ende … Erinnere ich mich heute daran,
wie ich versucht habe, meiner Umwelt Konfitüren zu
entlocken, dann scheint es mir, als wäre ich wie ein
Insekt auf Blüten, Obst, Sonne und Wasser versessen
gewesen. Ich habe mit einem Sparprogramm gespielt
mit dem vagen Verlangen, dabei ein Prinzip herauszu-
kristallisieren. Das Prinzip, eine frühere Ordnung ohne
große Kosten zu wahren.

Mein Ziel mit diesem ehrgeizigen Buch war es, aus
dem Nichts eine Tugend zu machen.

Vogelbeeren

* *Titel eines spanischen Dokumentarfilmes*

51

Vierter Teil
Sonnenkonfitüre
in der Praxis

Von Bernard Bertrand

Die zehn goldenen Regeln

1. Das verwendete Obst oder Gemüse muss reif sein. Ausnahmen sind hier bestimmte Gemüsesorten wie Zucchini, Blüten (Rosen) oder die jungen Stängel von Engelwurz und Rhabarber.

2. Auf das perfekte Gleichgewicht von Zucker, Säure und Wasser achten. Am leichtesten gelingen Konfitüren mit süßem bis leicht säuerlichem Obst mit geringem Wassergehalt. Doch kann bei all diesen Bedingungen nachgeholfen werden.

3. Das Obst möglichst fein pürieren und nur zuckern, wenn nötig. Hier geht nichts über eine Kostprobe. Aber Achtung: Ohne Zucker verlieren Marmeladen mehr Masse. Muss gesüßt werden, so ist Fruchtzucker auf jeden Fall gesünder.

4. Im Sonnenofen gelingen Konfitüren am besten im Sommer (Juni bis September). Den Sonnenofen dazu drei bis vier Mal am Tag neu orientieren.

5. Das Fruchtmark in möglichst flachen Gefäßen kochen, die dem Sonnenofen angepasst sind. Je flacher die Schicht, desto schneller kocht die Masse.

6. Der Dampf muss gut entweichen können, um die Kochzeit nicht unnötig zu verlängern.

7. Die richtige Kochtemperatur lässt sich am einfachsten an der veränderten Farbe und Konsistenz der oberen Schicht erkennen.

8. Nach dem Kochen wird die Marmelade in abgekochte und hermetisch verschließbare Einmachgläser abgefüllt.

9. Alles leicht zu trocknende Obst und Gemüse eignet sich auch für die Sonnenküche.

10. Die Rezepte des nächsten Teils sind lediglich als Anhaltspunkte gedacht. Setzen Sie Ihrer Fantasie keine Grenzen und vergessen Sie nie, dass sie letztendlich der Motor der Schöpfung ist.

Zuckern von Brombeermarmelade vor dem Kochen
oben

Pfirsichschnitten
links

Aprikosenmarmelade (ohne Zucker)

- Die entsteinten Aprikosen werden in Würfel geschnitten und ohne Zusatz von Flüssigkeit püriert.
- Das Fruchtmus wird in einer 1,5 bis 2 cm dicken Schicht in den Sonnenofen gestellt. Den Ofen schließen und in die Sonne stellen.

- Der Dunst an der Scheibe ist ein Zeichen für den Temperaturanstieg, muss aber abgeleitet werden. Der Ofen wird zwei bis drei Mal am Tag zum Umrühren der Marmelade geöffnet. Im unteren Bild sehen wir, dass die fertige Marmelade eine dunklere Farbe angenommen hat.

Von links nach rechts und von oben nach unten …

Erdbeermarmelade (ohne Zucker)

- Die gesäuberten Erdbeeren werden mit dem Löffel zerdrückt und in den Ofen gestellt.
- Erdbeeren enthalten viel Flüssigkeit, weshalb sie relativ lange gekocht werden müssen. Das Ergebnis ist aber ein wahres Bonbon!

- Mit einem Dunstabzug können halbierte Erdbeeren auch im Sonnenofen getrocknet werden.
- Für einen besseren „Ertrag" können dem Erdbeerbrei vor dem Kochen 100 Gramm Zucker pro Kilogramm Frucht hinzugefügt werden.

Von links nach rechts und von oben nach unten …

Maulbeermarmelade

- Die reifen Maulbeeren werden geerntet, gereinigt und verlesen.
- Nach dem Pürieren werden die Samen ausgesiebt, da sie manchen Gebissen Widerstand leisten.
- Die Masse wird flach verteilt in den Ofen gestellt.

- Die Marmelade ist fertig, wenn der flüssige Fruchtbrei nicht mehr über den von der Holzspachtel freigelegten Boden rinnt.
- Die fertige Marmelade wird in Gläser abgefüllt.

Von links nach rechts und von oben nach unten ...

Tomatenmarmelade

- Die reifen Tomaten waschen und vierteln.
- Pürieren und durch ein Sieb pressen, um die Samen zu entfernen.

- Nach Geschmack zuckern (unser Rat 400 Gramm pro Kilogramm Frucht genügen).

Von links nach rechts und von oben nach unten ...

Auberginenmarmelade

- Die jungen Auberginen werden gewürfelt und püriert.
- Der Brei wird durch ein Sieb gepresst.
- Würzen und zuckern (300 bis 500 Gramm pro Kilogramm Frucht). Für beides ist eine Kostprobe sinnvoll.

- Dünn in einem flachen Gefäß verstreichen.
- Im Sonnenofen kochen und in Gläser füllen.

Von links nach rechts und von oben nach unten …

Zucchinimarmelade

- Die jungen Zucchini werden gewürfelt und püriert.
- Nach Geschmack zuckern und würzen (Zimt und Ingwer).
- Im Sonnenofen kochen.

Von links nach rechts
und von rechts oben nach unten …

Kirschmarmelade mit Rosenblüten

- Blütenblätter von stark duftenden Rosen sammeln. Man benötigt in etwa dasselbe Volumen ungepresster Rosenblüten wie Kirschen.
- Kirschen entkernen, Rosenblüten, eine ganze Bio-Zitrone mit Schale und 300 Gramm Zucker pro Kilogramm Fruchtmasse hinzufügen.
- Nach dem Kochen im Sonnenofen in Gläser abfüllen.

Von links nach rechts und von oben nach unten …

Johannisbeergelee

- Johannisbeeren sammeln und in etwas Wasser (1 Glas pro Kilogramm Beeren) zerdrücken.
- Durch ein Sieb drücken, um die Kerne zu entfernen.
- Mit etwa 350 Gramm Zucker pro Kilogramm Saft versetzen und in einer flachen Schüssel im Sonnenofen kochen.

- In Gläser füllen, wenn das Gelee fest geworden ist. Das Johannisbeergelee ist eines der leichtesten Marmeladenprojekte, hat eine schöne Farbe, schmeichelt also nicht nur dem Gaumen, sondern auch dem Auge.

Von links nach rechts und von oben nach unten …

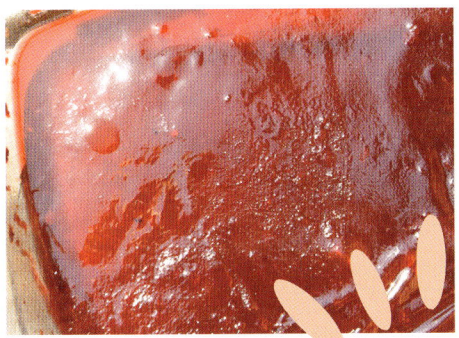

Pfirsichmarmelade (ohne Zucker)

- Pfirsiche schälen und entkernen.
- Pürieren und mit einer halben Zitrone für 6 bis 8 Pfirsiche säuern.
- Die fertige Marmelade in Gläser füllen.

- Pfirsichmarmelade ohne Zucker ist eine absolute Delikatesse.

Von links nach rechts und von oben nach unten …

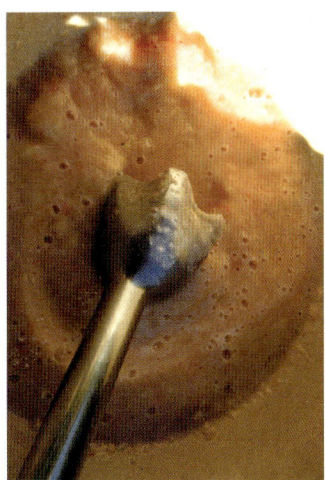

Bananenmarmelade (ohne Zucker)

- Vier Bananen schälen und in Stücke schneiden.
- Mit dem Saft einer halben Zitrone säuern.
- Mit einer Gabel oder einer Püreepresse zerdrücken.

- Im Sonnenofen kochen, bis der Brei die gewünschte Konsistenz erhält.
- Lesen Sie auf Seite 41, wo Maurice von seiner Erfahrung mit gegärter Bananenmarmelade erzählt.

Von links nach rechts und von oben nach unten …

Engelwurzmarmelade

- Die jungen und zarten Engelwurz-stängel sammeln und schälen, um die Außenfasern zu beseitigen.
- In kleine Stücke schneiden und 10 Minuten mit etwas Backpulver kochen, um den bitteren Beigeschmack zu beseitigen.
- Besonders gut durchmischen. Engelwurz verfügt über keine eigene Süße, weshalb sie gut gezuckert werden muss (600 Gramm Zucker pro Kilo-gramm). Dem werden noch der Saft einer ganzen Zitrone und 50 Gramm geriebener Ingwer hinzugefügt. Im Sonnenofen wird daraus eine wahre Köstlichkeit.
- Der Zusatz von Zucker verhindert den Mengenverlust. Die Marmelade ist in wenigen Stunden fertig. Hat sie die gewünschte Konsistenz, wird sie in Gläser abgefüllt und 10 Minuten im heißen Sonnenofen sterilisiert.

Von links nach rechts und von oben nach unten …

Mirabellen-Fruchtschnitten

- Die Mirabellen entkernen und pürieren. Ist der Brei zu sauer, kann mit etwas Zucker gesüßt werden (etwa 200 Gramm pro Kilogramm Obst).
- In feinen Schichten im Sonnenofen kochen und umrühren, sobald die obere Schicht braun geworden ist (zwei Mal täglich).
- Diese „erste" fest gewordene Marmelade wird in einem Gefäß in einer etwa 2 cm dicken Schicht noch mindestens einen Tag weiter gekocht, um die Konsistenz von Fruchtschnitten zu erhalten.
- Aus der Form stürzen, in Würfel oder Streifen schneiden und auf Backpapier legen. Wie andere Fruchtschnitten in Metalldosen aufbewahren … oder gleich essen.

Von links nach rechts und von oben nach unten …

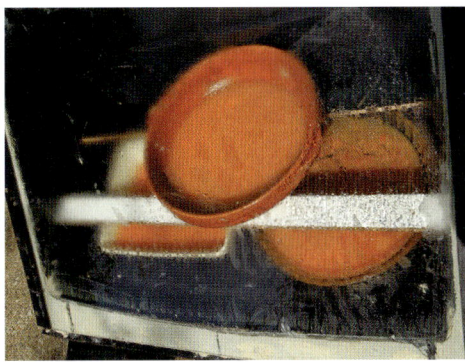

Sonnenkirschenmarmelade ohne Ofen! Colettes Rezept

Dieses Rezept hat meine Freundin Colette mir verraten. Vorab sei angemerkt, dass es dazu einer längeren schönen Periode ohne Unterbrechungen bedarf, da die Kochzeit ohne Sonnenofen verständlicherweise länger dauert und die Marmelade sonst zu gären beginnen könnte.

Aber überlassen wir Colette* das Wort: „Ich bin in der Provence aufgewachsen. Mit fünf Jahren streunte ich in der Felsheide herum, um Wildpflanzen zu sammeln, die mein Großvater in feine Gerichte oder aber Heilmittel verwandelte. Meine Eltern und Großeltern hatten einen reichhaltigen Obstgarten: Schwarze und Rote Johannisbeeren, Himbeeren, Kirschen. Ich habe also schon jung gelernt, Gelee aus all diesen roten Früchten zuzubereiten – und zwar mit der Kraft der Sonne. Gleich, um welche Beeren oder Kirschen es sich dabei handelt, das Prinzip ist immer dasselbe:

* Die Beeren werden durch ein feines Sieb oder Geschirrtuch gepresst und mit derselben Menge Zucker vermischt.
* Das Gemisch wird in Gläser abgefüllt, in der Sonne aufgestellt und mit Tüll gegen Insekten geschützt. Auf die gefüllten Marmeladengläser legt man eine Glasscheibe zum Schutz gegen Regen. Die Scheibe darf jedoch nicht direkt auf den Gläsern aufliegen, weshalb kleine Holzkeile dazwischen geschoben werden. Wir wollen ja keinen Obstessig herstellen! Die Marmelade wird täglich etwas umgerührt, damit die Sonne auf alle Seiten scheinen kann.
* Nach etwa zwei Wochen ist das Gelee fertig. Man kann die Gläser verschließen und lagern. Wenn Sie nicht der Versuchung erliegen, halten sich solche Gelees mehrere Jahre lang.
* Seit einigen Jahren lebe ich in Lothringen und stelle meine Gelees immer noch nach derselben Methode her. Es dauert ein bisschen länger als in der Provence, doch gelingen sie ebenso gut.

Also, ran an Ihre Töpfe und guten Appetit!"   Colette

* *nova@vivre-au-naturel.vpweb.fr*

Andere Gerichte
im Sonnenofen

Wie bereits erwähnt, liegt die Besonderheit unseres Sonnenofens darin, den beim Kochen entstehenden Dampf einfach an der Scheibe kondensieren und ablaufen zu lassen, wodurch der Marmelade Feuchtigkeit entzogen wird. Ist jene fest gekocht, so bedeutet dies zugleich, dass die Konzentration des natürlich enthaltenen Fruchtzuckers nun hoch genug ist, um die gewünschte Haltbarkeit zu gewährleisten. Wird weniger die Konsistenz von Fruchtschnitten, sondern eher die einer klassischen Marmelade gewünscht, so wird das durch Zusatz von Zucker erreicht. Die Wahl liegt bei Ihnen, da beide Methoden mit einem Sonnenofen realisiert werden können. In unseren Rezepten haben wir den Zuckerzusatz bewusst minimal gehalten.

Kochen

Es liegt wohl ebenso auf der Hand, dass in unserem Sonnenofen nicht nur Marmeladen, sondern auch alle möglichen anderen Speisen, wie z. B. Suppen, Eier oder Fisch, gekocht werden können. Nur Teigwaren gelingen im Sonnenofen nicht.

Um jedoch zu verhindern, dass die Nahrungsmittel austrocknen, und um zu ermöglichen, dass sie in Saft kochen, genügt es, das Ablaufloch an der Unterseite der Glasscheibe zu schließen. Wird hingegen eine etwas trockenere Speise, wie z. B. ein Gratin gewünscht, so ist keinerlei Veränderung nötig. Auch hier sind Versuch und Erfahrung die besten Lehrmeister.

Das Ablaufloch wird am besten mit einem Holzdübel oder einfach mit einer Kugel Pappmaché wie ein Pfropfen auf der Innenseite des Ofens verstopft, damit sich das Wasser nicht dauerhaft ansammeln kann, was den Ofen mit der Zeit in Mitleidenschaft ziehen könnte. Ermöglicht Ihr Ofen nur einen Verschluss von außen, so sollte nicht vergessen werden, den Dübel nach dem Kochen wieder zu entfernen und den Ofen gut zu lüften.

Da wir uns in diesem Werk vor allem auf die Zubereitung von Konfitüren konzentrieren wollen, wollen wir an dieser Stelle nur generelle Hinweise zum Kochen im Sonnenofen geben:

Auch hier sollte die Schicht der zuzubereitenden Lebensmittel je nach Sonneneinstrahlung und Ausrichtung des Ofens nicht dicker als 5–6 cm sein. Das ist mehr als bei der Herstellung von Marmeladen, da durch das Verstopfen des Ablauflochs ebenso der Brennwert des Ofens erhöht wird. Auch hier wird also flaches Kochgeschirr bevorzugt. Es ist unschwer nachzuvollziehen, dass eine Suppenschüssel mit dickem Boden lange braucht, um auf Kochtemperatur zu kommen.

Um die Kochdauer möglichst kurz zu halten, werden Sie im Laufe der Zeit Ihre eigenen Tricks entwickeln.

So kocht man z. B. schneller auf mehreren Tellern als in einer großen Auflaufform, was nicht heißen soll, dass man die halbgegarten Gerichte zum Abschluss nicht in einer großen und tiefen Form fertig kochen kann. Das scheint auf der Hand zu liegen, auch wenn man nicht zwangsläufig daran denkt.

Trocknen

An dieser Stelle sollte vielleicht auch erwähnt werden, was nicht mit dem Sonnenofen gemacht werden kann: Unsere Versuche, Gemüse zu trocknen, haben sich als absoluter Flop erwiesen. Ich erinnere mich an grüne Bohnen/Fisolen, die wie Lakritzstangen aus dem Ofen kamen. Auch für das Trocknen von Kräutern ist der Sonnenofen gänzlich ungeeignet.

Zum Trocknen von Obst bedarf es eines gut belüfteten Ofens (ohne Glasscheibe), in dem die Lebensmittel auf Gitterrosten gedörrt werden. Ohne Feuchtigkeit verbrennen sie bald unter der Scheibe – was andererseits nur als Kocheffizienz unseres Sonnenofens gewertet werden kann.

Backen

Auch Brot lässt sich im Sonnenofen hervorragend backen. Allerdings sollten Sie dabei mit einem Thermometer regelmäßig die Temperatur im Ofen kontrollieren, da das Brot bei zu hohen Temperaturen außen schon kross gebacken sein kann, während es innen noch teigig und roh ist.

Braten

Eine weitere Möglichkeit ist es, im Sonnenofen eine Drehvorrichtung zu montieren, auf dem Sie Spieße oder Fleisch braten können.

Probieren Sie einfach verschiedenste Rezepte aus – Ihrer Fantasie sind dabei keine Grenzen gesetzt.

Wenn Maurice Chaudière der Biene die Inspiration zu diesem Buch über Sonnenkonfitüren verdankt, so ist das keineswegs ein Zufall, sondern das Ergebnis einer Komplizenschaft von über 80 Frühlingen. Die Geschichte, die den Autor mit den Bienen verbindet, ist intensiv und innig.

Aus unserem Programm

ISBN 978-3-7020-1298-4
Obermair / Schneider
OBST HALTBAR MACHEN
Einkochen, einlegen,
trocknen usw.
200 S., zahlr. Farbabb., Hc.

ISBN 978-3-7020-1333-2
Georg Innerhofer
**MARMELADEN, KONFITÜREN
UND GELEES**
Selbstgemachte Köstlichkeiten
150 Seiten, 70 Farbabbildungen,
Hc.

Leopold Stocker Verlag

www.stocker-verlag.com

Aus unserem Programm

ISBN 978-3-7020-1160-4
Georg Innerhofer
OBSTSÄFTE
Sirup, Nektar und Gelee
136 Seiten, über
100 Farbabbildungen, Hc.

ISBN 978-3-7020-1232-8
Georg Innerhofer
SIRUP UND NEKTAR
Aus Früchten, Kräutern, Blüten
überarb. Neuauflage,
152 S., zahlr. Farbabb., Hc.

Leopold Stocker Verlag
www.stocker-verlag.com